AF498018

Supplément au Bulletin paroissial

Notes historiques

SUR LA

Paroisse de

Cubry-les-Faverney

ET LES

Frères Burtey

LUXEUIL

IMPRIMERIE PAUL VALOT

1913

NOTES HISTORIQUES

sur la Paroisse

DE

CUBRY-LES-FAVERNEY

ET SUR LES

FRÈRES BURTEY

Notes sur l'Histoire de Cubry-les-Faverney

La paroisse de Cubry-les-Faverney, canton de Vauvillers, est située à 15 kilomètres de Vauvillers, à 40 kilomètres de Lure son chef-lieu d'arrondissement et à 26 kilomètres de Vesoul : elle est à 4 kilo- de la halte de Mersuay.

C'est un pays de culture au sol fertile, produisant en moyenne 1500 hectolitres de blé, 40 hectolitres de seigle et 1900 hectolitres d'avoine par an. La prairie n'a que 60 hectares.

Il y a une trentaine d'années il existait sur le ruis- seau des Cannes un moulin à écorces appartenant aux Messieurs Neveu, tanneurs à Faverney : aujour- d'hui tout est en ruine.

Une tuilerie dont les produits étaient très esti- més est également abandonnée et convertie en maison particulière.

Comme industrie il existe la fabrication de la charrue " **La Comtoise** " tout acier, fondée par Denommé Ernest, exploitée par les trois frères De- nommé, ses fils, constructeurs et marchands de machines agricoles.

La population actuelle est de 187 habitants ; en 1886 elle était de 218 et de 342 en 1848 (*archives municipales*).

Cubry comptait 38 ménages en 1614 puis 76 en 1864 et aujourd'hui 62.

La population de Cubry comme celle des parois- ses rurales tend à diminuer. Le village est assez an- cien. Il appartenait autrefois aux Bénédictins de Faverney. Un traité d'association passé entre l'abbaye et les comtes de Bourgogne vers 1260 en fait mention. D'après le compte-rendu fait par l'abbé de Faverney sur la situation de l'abbaye lors de la sécularisation des biens du clergé en 1790, il résulte que les religieux de Faverney étaient les seuls seigneurs hauts, moyens et bas justiciers à Cubry.

Ils y avaient des tailles pour 29 livres 6 sols 8 de- niers. Ils jouissaient du four banal et le bois néces- saire au chauffage de ce four se prenait dans les bois communaux.

Ils bénéficiaient aussi des corvées de charrue,

faulx et faucilles, des dîmes de 13 gerbes (*une sur treize*), et tous ces droits y compris 115 cartes de terre, 8 faulx de prés et la moitié des émoluments de justice, étaient relaissés par bail de 9 années pour la somme de 9000 livres et une pièce de toile valant 30 livres (pour les 9 années).

Le moulin banal qu'ils y avaient fait bâtir leur rapportait par bail 300 livres. Leurs autres prés, champs, chenevières, maisons et vergers étaient loués pour 70 cartes de blé et autant d'avoine avec une pièce de toile et les fruits d'un verger qui pouvaient être estimés à 20 livres. Les 70 cartes de blé valaient 350 livres et l'avoine 120 livres. En somme l'abbaye de Faverney retirait de Cubry 2835 livres.

Cette somme semble élevée et pourtant elle est loin d'égaler l'impôt actuel ; celui-ci en effet ne consiste pas simplement dans la contribution directe, mais surtout dans les contributions indirectes qui frappent tous les objets de consommation ou autres sans aucune exception, impôts des portes et fenêtres, voitures, patentes, prestations, successions, allumettes, tabacs, sucres, cafés, cartes à jouer, billards, etc... etc...

Ajoutez que les religieux bâtissaient et entretenaient à leurs frais le moulin banal, le four, etc...

On ne peut pas préciser la date à laquelle les religieux de Faverney firent bâtir la chapelle de Cubry. Seulement en 1647 il y avait un procès à la Cour de Besançon pour savoir si l'Eglise de Cubry serait annexe, membre ou fille de celle de Menoux. Il paraîtrait donc que c'est vers cette époque qu'une église y fut bâtie. D'ailleurs il existe à Menoux un titre de ce temps par lequel la commune de Cubry cède à Menoux une portion du bois située entre le bois de Menoux et les bois actuels de Cubry, à la condition que cette commune céderait une cloche à Cubry. Voilà pourquoi ce bois porte encore le nom de " *La Vendue* ".

Depuis vers l'an 1600 environ jusqu'à la Révolution les registres de baptèmes, mariages et sépultures sont confondus avec ceux de Menoux et n'en forment qu'un seul : ce qui prouve que durant ce temps Cubry et Menoux ne formaient qu'une seule paroisse.

On trouve aux archives communales un registre de baptêmes, mariages et sépultures à partir de 1749 dont les actes sont signés, à savoir :

en 1749 Jean-Baptiste Millot, curé de Menoux.

1754 Ch. Barbier, curé puis Millot, curé.

1757 Gauthier, prêtre, vicaire puis Millot, curé.

1758 G. Bonney, vicaire puis Millot, curé.

1762 Sylvestre, récollet de Cubry.

1763 Fr. Eustache Gounant, récollet, Millot, curé.

1763 Fr. Didier, puis Fr. Tite, récollets, Vougel, prêtre, J. Fr. Sivoutot, vicaire.

1764 Fr. Eustache-Gounant, récollet.

1765 Laurent Révillout, vicaire de Menoux.

1766 Fr. Stanislas Doyen, récollet.

1766 Jean-Baptiste Richard, prêtre, Fr. Taddée Barbier, récollet.

1767 Fr. Didier Beurtey, récollet, Guiotguillain, prêtre, vicaire, Bénigne May, vicaire de Menoux.

1768 Fr. Robert Cordellier, prêtre, Jean-Baptiste Forin, vicaire.

1771 Alphonse Mirlin, récollet devenu curé assermenté de Menoux.

1771 Jean-Baptiste d'Eglise, prêtre, Silvestre, récollet.

1772 Fr. Ferréol Ferjeux, prêtre religieux Cordelier.

1773 P. Gauthier, prêtre, vicaire, Fr. Prosper Burthey, récollet.

1776 Sergent, mineur conventuel, prêtre. Fr. Vuillot, mineur conventuel, prêtre, Silvestre, récollet.

1777 Pourcelot, vicaire, Millot, curé.

1779 Jean-Pierre Douceot, vicaire. (Mort de M. l'abbé Millot).

1780 Jean-Pierre Douceot, curé de Menoux.

1786 Fr. Melchior Renaud, récollet.

1787 Bénigne Durand, récollet.

1788 Joseph Courtot, vicaire.

1790 H. Baillaud, vicaire.

1792 Villemey, curé administrateur.

1792 Beurtey, prêtre.

Ensuite viennent les actes civils.

Parmi les registres de fabrique on en trouve un

relié en parchemin sur lequel on lit : « *Livre des comptes de la maison des Récollets de la Côte ci-devant. — 1781 — »* Puis au-dessous : « *Registre de Baptêmes, Mariages, Sépultures, etc... en 1814* ». Les actes commencent en 1814, mais on remarque qu'il y a eu un certain nombre de feuillets enlevés au commencement du registre. Ce qui porte à croire que c'est un registre devenu inutile pour les Récollets qu'on a pris pour ces actes après en avoir enlevé les quelques feuillets ayant trait à cette maison : car les registres étaient rares même en 1814.

Après le Concordat de 1801, Cubry a fait partie de circonscription paroissiale de Bourguignon-les-Conflans. Les habitants de Cubry auraient demandé à se séparer de Menoux par suite de différends survenus entre les deux communes au sujet de la cloche.

Sur ce registre paroissial nous trouvons les signatures de :

1814 C. F. Verdet, desservant à Cubry. Même signature jusqu'en 1818 où ce prêtre signe : C. F. Verdet, desservant à Bourguignon et à Cubry.

1821 Brossard, prêtre desservant à Cubry. Ce prêtre signe 5 actes, puis nous retrouvons la signature de M. l'abbé Verdet.

1822 Nous retrouvons la signature : Brossard, prêtre desservant.

1826 Ce même prêtre signe : Brossard, administrateur.

1828 (14 Juillet) M. C. F. Verdet desservant à Bourguignon signe un mariage.

1830 Les actes portent la signature : P D. Mouton, parochus.

1833 Nous trouvons M. l'abbé Robert, prêtre desservant.

1840 M. l'abbé J. Chevaux, prêtre de la Société de Marie (*de Saint-Remy*).

1840 M. l'abbé Barbeaux, prêtre, fait un enterrement, puis un baptème en 1841 : on suppose qu'il était religieux de St-Remy.

1841 C'est M. l'abbé Hutin, vicaire qui signe les actes.

1842 Nous trouvons la signature de M. l'abbé Jean-Pierre Bruno Boussel, curé de Menoux délégué jusqu'au 25 Août 1843.

1843 M. l'abbé Morel, curé, signe tous les actes jusqu'en 1850.

1851 M. l'abbé Biget, curé de Bourguignon signe tous les actes jusqu'au 5 Novembre 1851 date où nous trouvons M. l'abbé Durget. Ce prêtre vénéré resta curé de Cubry jusqu'à sa mort, 17 Octobre 1884.

1885 5 Janvier, M. l'abbé Jean-Baptiste Parrot signe son 1er acte de curé de Cubry et son dernier porte la date du 12 Mai 1892. Le 27 Août il est remplacé par M. l'abbé Molteni.

L'église de Cubry a été érigée en chapelle indépendante par une ordonnance royale du 26 janvier 1845. On voit sur le portail de l'église la date 1773 ; mais l'église est antérieure à ce millésime. Elle a été construite à trois reprises : d'abord le chœur actuel qui était l'ancienne chapelle ; puis la nef actuelle et enfin le clocher en 1773 ; d'ailleurs le chœur et la nef sont de style et de hauteur différents.

Le plus ancien registre conservé aux archives communales commence en 1749 et jusqu'en 1792, ce registre n'est que celui que l'on a pris à l'église.

Les archives de la commune n'ont rien d'important ; on y suit la vie d'une petite commune qui subit de temps à autre le contre-coup des principaux évènements qui agitent la patrie. Il ne s'est passé à Cubry aucun évenement remarquable, sinon un grand incendie qui consuma 12 maisons (à partir de la maison de Joseph Jeanvoine jusqu'à la maison Caritey inclusivement) dans la nuit du 20au 21 Août 1821.

Le 21 août 1888 un violent orage de grêle anéantit les récoltes. Enfin la sécheresse de 1893 ruina à demi le pays.

Pendant la révolution plusieurs prêtres se cachèrent pour célébrer la sainte messe. Nous consacrons quelques pages ci-après à l'histoire des deux frères Jean-Baptiste et Charles Burtey, confesseurs de la foi, déportés à l'Ile de Ré.

Au point de vue de l'instruction, les archives renferment plusieurs marchés d'Instituteurs ou d'Institutrices : le 1er date du 1er Brumaire an III.

Voici les principaux points d'un marché du 30 fructidor an X qui résume à peu près tous les autres.

La municipalité traite avec un Sieur Jean Pierre Bouvier qui s'engage « *à faire les fonctions d'institu-* « *teur ou Maître d'école, ainsi que celles de secrétaire* « *de mairie. Il devra sonner l'Angelus le matin, à mi-* « *di et le soir, ainsi que les offices des dimanches et* « *fêtes ; remonter l'horloge, blanchir le linge de la sa-* « *cristie, balayer l'église pour le dimanche, répondre* « *à tous les offices de l'église, assister M. le vicaire* « *dans les fonctions pastorales, puis enseigner les en-* « *fants, leur apprendre à lire, à écrire, l'arithmétique,* « *le plain-chant, le catéchisme et les prières. Il devra* « *tenir l'école dans son domicile et aura de la commu-* « *ne un traitement fixe de 135 fr. Les parents des en-* « *fants donneront chaque mois 0 fr. 30 par élève qui* « *lit seulement et 0 fr. 40 par élève qui lit, écrit et cal-* « *cule* ».

Ce traitement semble bien minime et pourtant il était une petite fortune en comparaison de celui de garde champêtre de l'époque qui touchait alors 6 fr. par an et était responsable des délits.... Et encore ce traitement avait amené de si grandes jalousies que la municipalité régla de nommer 2 gardes champêtres par an (chacun pour 6 mois et pour 3 frs.)

Le 20 février 1822 la commune achète pour la somme de 2800 frs des héritiers Gauthier une maison et jardin pour servir de mairie et logement à l'usage de l'instituteur et de l'institutrice. *(folio 156 verso)*.

Lors de l'érection de la chapelle en église indépendante en 1845, la maison commune ci-dessus devint le presbytère et le conseil municipal par une délibération du 9 novembre 1845 vota la somme nécessaire pour transformer l'ancien four banal en maison commune et école, ce qui fut fait en 1847.

En 1848 achat du terrain et inauguration du cimetière actuel. La partie au midi de l'église de l'ancien cimetière fut donnée pour jardin à l'instituteur, la partie nord à la cure et ce qui se trouvait en avant de l'église fut aménagé en place publique.

Les Confesseurs de la foi
Jean-Baptiste et Ch. Burtey

Les archives manquant il n'est pas possible de trouver les actes de naissance de ces deux confesseurs de la foi. Nous trouvons aux registres un acte de mariage en date du 11 Juin 1767 de Jean-François Olivier avec Anne-Catherine Beurtey, Sœur de Désiré Beurtey, récollet. Cette Anne-Catherine Beurtey est décédée le 12 Octobre 1817.

Pour ces deux prêtres nous trouvons que tous les actes civils portent les prénoms de Jean-Baptiste et de Charles mais pour les actes religieux ils signaient de leurs noms en religion Désiré-Didier et Prosper. De même ils signaient eux-mêmes Beurtey et Burtey. Les deux frères étaient religieux de la maison des Récollets de Conflans où avait déjà vécu un de leurs oncles Désiré Burtey ; nous en avons comme preuve une vieille Bible laissée par eux dans la famille Olivier et qui porte à l'intérieur de la couverture :

Ex libris venerandi patris Recollecti Desiderii Burtey 1758.

Au folio 42 verso du registre des délibérations communales nous trouvons le Passeport suivant dont nous respectons l'orthographe :

Passeport N° 7 — L'an quatre de la République françoise, une et indivisible, le six pluviose s'est présenté par devant nous, agent et adjoint municipal de la commune de Cubry, le citoyen Jean-Baptiste Burtey, cy-devant Récollet, résidans ladite commune de Cubry, inscrit au tableau dudit lieu sous le n° 159, âgé de cinquante huit ans, taille cinq pieds quatre pouces, cheveux gris, sourcils châtains, le né gros, bouche médiocre, menton rond, les yeux gris, le visage rond, front large, lequel, désirant voyager hors du canton pour ses affaires particulières, nous a requis qu'il lui fut délivré un passe-port à cet effet en exécution du titre II de la loi du dix vendémiaire an 4 de la République, ce qui lui a été octroyé. Fait audit Cubry les jours, moi et an que dessus et avons signé.

Jannin adjoint   Gauthier agent   J.-B. Beurtey.

Nous arrivons au moment de persécution qui commence avec l'imposition du serment constitutionnel. Bon nombre de maires trop zélés n'attendirent même pas d'avoir reçu la formule du gouvernement, c'est ce qui arriva pour les frères Burtey : ceux-ci se soumirent sous condition ainsi que l'indiquent les deux actes ci-dessous entièrement écrits de leur main et qu'on trouve au même registre folio 51 verso.

Je soussigné, déclare que le mode de soumission exigée des prêtres n'étant point arrivé je me soumets provisoirement au gouvernement de la République françoise. A Cubry ce quinze fructidor an cinq de la République.

Charles Beurtey, prêtre cy-devant Récollet.

Je soussigné, déclare que le mode de la soumission exigée des prêtres n'étant pas encore arrivé dans cette commune, je me soumets provisoirement au gouvernement de la République françoise. A Cubry le quinze fructidor an cinq de la République.

Jean-Baptiste Beurtey, prêtre, ex-récollet.

Ce serment prêté les religieux regagnèrent Conflans car nous trouvons dans les actes suivants folio 52 verso (toujours même registre), qu'après avoir prêté serment devant le maire de Conflans, ils déclarent vouloir venir exercer leur ministère à Cubry. Voici ces actes. Nous les faisons précéder d'une déclaration analogue d'un autre Récollet de Conflans, également originaire de Cubry qui dut échapper à la déportation.

Je soussigné, Jean-Baptiste Silvestre de Cubry, ex-prêtre, ex-récollet, demeurant à Cubry, canton de Conflans, déclare qu'après avoir prêté son serment par devant la municipalité de Conflans, exigé par la loy, en date du 7 vendémiaire dernier, qu'il veut exercer son culte dans l'église de Cubry pour la religion catholique, apostolique et romaine, ce dix sept nivôse an six de la République françoise, reçu par moy, agent de la commune de Cubry.

Jean-Baptiste Silvestre.

Nota. — *Ce prêtre est décédé à Cubry le 15 janvier 1813 âgé de 75 ans.*

Nous soussignés Charles et Jean-Baptiste Beurtey

de Cubry, prêtre cy-devant Récollets, demeurant audit Cubry, canton de Conflans, déclarons qu'après avoir prêté notre serment par devant la municipalité dudit Conflans, exigé par la loi du 7 vendémiaire dernier, voulons exercer le culte de la religion catholique, apostolique et romaine dans l'église dudit Cubry, le vingt neuf nivose au six de la République françoise ; reçu par moy agent de la commune.

Charles Beurtey, Jean-Baptiste Beurtey, C. Vuillemey, agent.

Observation. — A l'instant, moy dit Vuillemey, agent, j'ay demandé aux deux prêtres dénommés cy-dessus s'il vouloit reconnoître le citoyen Flavigny, Evêque de ce département pour leur supérieur, il mon répondu franchement que non et ay signer les an, jours et mois cy-dessus.

C. Vuillemey, agent.

Nota.— *Les deux actes sont entièrement écrits de la main des 3 prêtres et l'observation est écrite par l'agent. Dans tous ces actes nous respectons l'orthographe.*

A partir de ce moment les archives sont muettes sur les frères Burtey jusqu'en l'an VIII.

Ce refus d'obéissance à l'évêque constitutionnel Flavigny ne pouvait manquer de faire tomber ces deux prêtres sous le coup de la loi : aussi la tradition nous rapporte qu'ils se cachaient et célébraient la messe où ils pouvaient. Ils se cachèrent tantôt dans la maison de leur beau-frère Jean-François Olivier, maison appartenant actuellement à la Veuve Chaperon Alfred. Ils célébraient la messe dans une chambre au 1er étage sur l'entablement d'une cheminée en pierre. Cette cheminée a été démolie en 1871 puis placée devant la maison pour servir de banc.

Florentine Folley, Veuve Chaperon Alfred, ayant fait don de cette pierre à l'église, la cheminée y a été rétablie en souvenir des deux confesseurs de la foi.

On avait conservé aussi dans la famille le calice d'étain qui servait à ces prêtres fidèles ; malheureusement il y a disparu vers 1862 ; on suppose qu'il a été fondu par étourderie par Philibert Olivier, oncle de la donatrice. Le fait est probable bien que non certain.

Les frères Burtey, reçurent aussi une généreuse hospitalité chez Hugot François dans la maison occupée par Brun Alire. Augustine Hugot nous a dit : « *Mon père nous a toujours dit que son père avait caché deux frères, prêtres pendant la révolution, ils disaient la messe dans notre chambre à four ; et mon grand'père leur avait fait une cachette derrière le tas de foin* ».

Avant sa mort, Palmire Hugot, belle-mère de Brun Alire et sœur d'Augustine Hugot nous avait déjà rapporté le même fait et avait ajouté ceci : « *Un jour qu'il était recherché, mes parents ont caché un des prêtres derrière la platine de la cheminée de la cuisine : il n'a pas été pris* ».

Derrière cette platine est un placard pouvant facilement donner asile à un homme.

Malgré le dévouement de ces familles catholiques les frères Burtey furent découverts, arrêtés et condamnés à la déportation Nous ne trouvons aucun titre mentionnant l'arrestation et la condamnation : mais au folio 56 verso du registre municipal nous trouvons le passeport ci-dessous.

Département de la Charente-Inférieure	Canton de St-Martin Isle de Ré Passeport n° 3760.

Laissés passer le citoyen Charles Burtey, prêtre, ex-récollet, âgé de soixante six ans, natif de Cubry-les-Faverney, département de la Haute-Saône, ayant domicile audit lieu, taille d'un mètre 625 millimètres, cheveux blancs, sourcils gris, yeux gris, né long, bouche moyenne, menton rond, front découvert, visage oval, allant audit lieu de Cubry-les-Faverney où il a déclaré vouloir fixer sa résidence, es prêtès lui aide es assistance en cas de besoin.

Délivré à l'administration municipale du canton, commune de St-Martin, Isle de Ré, département de la Charente-Inférieure, le 16 prairial l'an VIII de la République françoise, une et indivisible et à ledit citoyen Burtey signé.

Fouillard, municipal Vu par le Commissaire du gouvernement, Bouju.	Ch. Burtey, Par l'Administration Le Blanc, commis expéditionnaire.

Au folio 57 recto. Passeport de Jean-Baptiste Burtey.

Département   Canton de St-Martin
de la Charente-Inférieure   Isle de Ré

Laissés passer le citoyen Jean-Baptiste Burtey, prêtre, ex-récollet, agé de soixante trois ans, natif de Cubry-les-Faverney, département de la Haute-Saône, ayant domicile audit lieu, taille d'un mètre 733 millimètres, cheveux gris, sourcils châtains, yeux gris-bleu, nez moyen, bouche moyenne, menton rond, front découvert, visage ovale, allant audit lieu de Cubry-les-Faverney où il a déclaré vouloir fixer sa résidence et prêtés lui aide et assistance en cas de besoin.

Délivré à l'administration municipale du canton, commune de St-Martin, Isle de Ré, département de la Charente-Inférieure, le seize prairial, l'an huit de la République françoise, une et indivisible et a ledit Burtey signé.

Jean-Baptiste Burtey.

Fouillaud, municipal
Vu par le commissaire du   Le Blanc,
     gouvernement,   commis-expéditionnaire.
        Bouju.

Mise en liberté du citoyen Jean-Baptiste Burtey

Liberté   *Egalité*

Extraits des registres de délibérations de l'administration municipale du canton de St-Martin, Isle de Ré, département de la Charente-Inférieure.

Le citoyen Jean-Baptiste Burtey, prêtre détenu a la citadelle de cette commune de St-Martin, ayant justifié par pièces authentiques revêtues des formalités prescrites par l'article deux de l'arrêté des consuls du huit frimaire dernier, qu'il doit être rangé dans la troisième classe de l'arrêté des consuls précité, ouï le commissaire du gouvernement, l'administration a arrêté que ledit citoyen Jean-Baptiste Burtey jouira du bénéfice dudit arrêté des Consuls, en conséquence qu'il sera mis de suitte en liberté et qu'il lui sera délivré un passeport pour se rendre dans la commune de Cubry-les-Faverney, département de la Haute-Saône où le citoyen a déclaré vouloir fixer sa résidence.

Fait à St-Martin, Isle de Ré en séance publique le quinze prairial, an huit de la République françoise.
Pour extrait conforme au registre,
Jourjon, secrétaire en chef.

L'administration municipale du canton de St-Martin, Isle de Ré, département de la Charente-Inférieure, certifie que la signature cy dessus est celle du citoyen Jourjon, son secrétaire en chef ; que l'extrait cy dessus est conforme au registre ; en témoignage de tout quoi ces présentes ont été délivrées à St-Martin, Isle de Ré ce quinze prairial an huit de la République françoise.

Fouillaud,   Par l'administration
Agent municipal.   Jourjon, Secrétaire en chef.

Toujours au même registre folio 57 verso nous trouvons :

Mise en liberté du citoyen Charles Burtey
Liberté   *Egalité*

Extraits du registre des délibérations de l'administration municipale du canton de St-Martin, Isle de Ré, département de la Charente-Inférieure.

Le citoyen Charles Burtey, prêtre détenu à la citadelle de cette commune de St-Martin, ayant justifié par pièces authentiques revêtues des formalités prescrites par l'article deux de l'arrêté des consuls du huit frimaire dernier, qu'il doit être rangé dans la 3ᵉ classe de l'arrêté des consuls précité ouï le commissaire du gouvernement, l'administration a arrêté que ledit citoyen Charles Burtey jouira du bénéfice dudit arrêté des consuls ; en conséquence qu'il sera mis de suite en liberté et qu'il lui sera délivré un passeport pour se rendre dans la commune de Cubry-les-Faverney, département de la Haute-Saône où ce citoyen a déclaré vouloir fixer sa résidence.

Fait à St-Martin, Isle de Ré, en séance publique le quinze prairial an huit de la République françoise.
Pour extrait conforme au registre,
Jourjon, secrétaire en chef.

L'administration municipale du canton de St-

Martin, Isle de Ré, département de la Charente-Inférieure, certifie que la signature cy-dessus est celle du
citoyen Jourjon son secrétaire en chef et que l'extrait
cy-dessus est conforme au registre en témoignage de
tout quoi ces présentes ont été délivrées à St-Martin
Isle de Ré ce quinze prairial an huit de la République françoise.

    F. Bouillaud aîné,   Par l'administration
       municipal.   Jourjon, secrétaire en chef.

A quel moment exact les deux frères rentrèrent-
ils à Cubry ? Aucun document ne permet de le dire
pourtant nous trouvons encore aux archives municipales folio 61 recto, le serment de fidélité suivant :

Ce jourd'huy vingt six thermidor l'an neuf de la
République françoise, les citoyens Charles et Jean-
Baptiste Burtey, prêtres, cy-devant Récollet, résidant
dans cette commune se sont présentés à la mairerie
et ont dit qu'après la déclaration faite par le Gouvernement et insérée au Journalle officielle que la
promesse pure et simple de fidélité et un acte pure-
ment civil et qu'il n'entend gennaire en rien les
les opinions religieuses ny les consciences ont
fait la soumission comme il suit :

*Je promets fidélité à la constitution. Charles Burtey,
prêtre. (autographe).*

*Je promets fidélité à la constitution. Jean-Baptiste
Burtey, prêtre. (autographe).*

A Cubry-les-Faverney les jour, mois et ans, que
dessus.

                    Gauthier, Maire.

C'est là la dernière pièce que nous trouvons sur
les frères Burtey : à partir de cette date nous perdons
complètement leur trace et ne trouvons aucun acte
mentionnant leur décès. Pourtant Hippolyte Olivier
demeurant actuellement à Aillevillers nous dit avoir
appris de ses parents que Jean-Baptiste Burtey, leur
oncle, après son retour de l'Isle de Ré aurait été
nommé aumônier à la Chaudeau, chez M. de Buyer ;
il serait mort là et aurait été enterré devant l'ancienne église d'Aillevillers. La chose est très possible et
acceptable car les MM. de Buyer avaient de nombreuses propriétés à Cubry et la famille Olivier en

avait le fermage ; dès lors rien de plus naturel que M. de Buyer se soit intéressé à un prêtre, oncle de ses fermiers.

Quant à Charles Burtey on peut supposer selon toute vraisemblance qu'il a dû exercer le ministère pastoral. La guillotine, la déportation, les noyades de la Loire avaient fait des vides immenses dans les rangs du clergé paroissial, aussi au moment du Concordat les évêques durent-ils faire appel à toutes les bonnes volontés et demander à tous les prêtres anciens religieux ou autres, même très âgés ou fatigués, pour pourvoir au besoin spirituel des fidèles. L'abbé Burtey a donc dû accepter une paroisse. Laquelle ? Ici encore impossible de retrouver le moindre renseignement ; c'est en vain que j'ai voulu me renseigner à l'archevêché, les déménagements successifs et surtout la spoliation n'ont rien laissé de la période révolutionnaire.

Qu'importe le lieu où la mort est venue frapper ces courageux confesseurs de la foi, elle n'a pas dû les surprendre et au sortir de cette vie ils ont dû recevoir la récompense des élus. Puissent-ils du haut du Ciel veiller sur cette paroisse qui les a vu naître et y maintenir la foi qui fait les Saints ! Honneur aux familles qui ont soutenu les prêtres du Seigneur dans l'épreuve !

Laus Deo !

A. MOLTENI,
Curé.

Nous croyons bien faire en ajoutant le tableau ci-contre donnant la généalogie de la parenté des Frères Burtey.

Nous terminerons enfin par quelques mots sur le *Couvent de Conflans*.

Arbre généalogique de la parenté des Frères Burtey

Olivier Jean-François marié le 11 Juin 1767 à Anne Catherine Burtey sœur du Récollet Désiré Burtey.

1	2
Jean-Baptiste Olivier décédé le 29 Sept. 1870 à 84 ans	Une fille morte célibataire

1	2	3	4	5	6	7
Joseph Olivier a eu	Victor a eu	Philibert a eu	Joséphine mariée à Gaspard Folley	François marié à Catherine Gauthier	Eléonore mariée à Charles Camus	Augustine mariée à Faivre Joseph
Hippolyte habite Aillevillers et Marcellin mort en 1870	Une fille morte à Anchenoncourt	6 enfants dont Mme Pérignon à Faverney et Léon décédé à Menoux	a eu Florentine et Abel Folley habitant Cubry	à Vesoul Pas d'enfants	à Fleurey les Faverney Deux enfants	devenue veuve a épousé Martin Adolphe a Bassigney

Notes sur la Maison des Récollets de Conflans

dues à l'obligeance de M. Billet, chef d'escadron
en retraite à Dijon.

Le monastère des Récollets de Conflans fut fondé
au commencement du XVIIIe siècle. Les bourgeois
du pays mirent à la disposition des Religieux les
pierres de leurs vieux remparts. Ils comptaient, selon l'abbé Morey, de 32 à 34 membres.

Au moment de la suppression des couvents (17
fév. 1790) il y avait encore à Conflans 18 Récollets
(Sauzay, Tome I, p. 733).

Le 3 Janvier 1792 le district de Luxeuil procéda à
la vente du monastère qui fut adjugé à M. P. Ch.
F. Henry moyennant 10000 livres pour et au nom
de F. Valentin Henry et J. B. Marnelet de Conflans.

Cette vente comprenait le monastère, grangeages,
écuries et autres petites chambres y joignant, église,
cour, cimetière, jardin, clos et toutes ses dépendan-
ces.

N'étaient pas compris dans la vente, les orgues,
grillages, boiseries, confessionnaux, chaire à prê-
cher, autels, tableaux et tous autres meubles et ef-
fets d'exercice de ladite église des Recollets, lesquels
meubles étaient réservés à la nation, pour en dis-
poser comme elle trouverait convenable.

Ces objets furent sans doute donnés à l'église de
Conflans, car on y voit encore quelques tableaux
provenant du monastère avec l'estampille : « à la
Nation 1791 ».

Après de nombreuses transformations l'ancien
monastère est devenu le Château de Conflans, appartenant actuellement à M. de Maillard.

M. Billet possède une liste, bien incomplète, des
Religieux dont les noms figurent sur les registres de
l'ancien état civil ; les noms des frères Burtey n'y
figurent pas. Il n'y a rien là qui doivent nous éton-
ner car à Conflans comme partout ailleurs les archives avant la Révolution et jusqu'à la Constitution
des archives municipales par Napoléon Ier ont été
gaspillées un peu partout ; il n'est guère de vieilles
familles dans lesquelles on ne trouve de ces vieilles

archives, religieuses ou autres. Souvent pendant la Révolution et quelques années après les Maires emportaient chez eux les archives et oubliaient de les rendre en totalité ou même pendant le cours de leur administration en laissaient égarer ou distraire par leur famille.

Que les frères Burtey aient appartenu aux Récollets de Conflans, nous en avons la preuve dans ce serment prononcé par eux devant la municipalité de Conflans.

Publié avec l'autorisation de l'Ordinaire.